AF276272

Orfandad

Primera edición, mayo de 2024

El Desvelo Ediciones
Floranes, 51, 1ºT
39010-Santander
CANTABRIA

www.eldesvelo.es
info@eldesvelo.es
@eldesvelo

ISBN: 978—84—128690—0—2
Depósito Legal: SA 135—2024
Impreso en España—Printed in Spain

Última Thule

Orfandad

Kepa Murua

El Desvelo
EDICIONES

BREVE

Ante lo que se estremece
y lo que no se comprende,
sin saber qué es,
se aferra la vida.

¿Qué será de mí
cuando no estés y despierte?
¿Qué de ti, que te mantienes viva
cuando tu cuerpo declina?

Breve la voz que aún responde.
¿El espíritu que nos cierne
en dos se parte? Así mi corazón, breve
con la respiración que decae.

Breve, como los días de la infancia
con el amor que nos defiende.
El tiempo de los años,
unas pocas líneas.

Dentro

Estuve dentro,
parecía agua, pero era fuego.
Fuego que abrasa,
que quema.

Dentro del acontecer
de las horas,
sin poder enumerar
las hojas del calendario.

Entonces no sabía
lo que era estar dentro.
Ahora sé lo que es estar
fuera del cuerpo.

La herida sangra
desde la raíz
que se enreda.
Late el universo.

LLORO

Lloro por la felicidad
acabada, que desconcierta,
y porque te fuiste sin decir
una palabra de consuelo.

A un lugar efímero:
se vierte una lágrima,
se comprende, pero
no se dice lo que se desea.

Un hablar indefenso
se descubre tarde,
se desvanecen los sueños,
se deshacen los minutos.

La soledad viene de repente,
se atraganta, se repite;
incomprendida calla
ante el vínculo que se rompe.

PLENITUD

La plenitud nos conmueve.
Nos persigue, su susurro nos dice:
no olvides quién eres
y de dónde vienes.

Tal como hacías tú, madre,
que te estremecías con mis miedos
y me consolabas con una caricia,
fuerte como una hoja que no se cae.

Un día predijiste que se partiría el árbol,
esa noche no pude dormir tranquilo.
Otro día, aún más lejano,
dijiste que no te quedaban raíces.

Nunca pronunciaste la palabra *tierra*,
de tus labios no salió *siembra* o *inevitable*.
Hablaste del cielo y del infierno,
del destino que acontece.

Pesadilla

Las paredes se convirtieron en redes,
en brazos deformes,
los sueños se deslizaban
entre pasillos con suelo de madera.

Tu mano secó la frente,
tu dedo, el silencio:
techo sin luz, sin sudor,
eternidad sin tiempo.

Tuve miedo; pensé en hacerme mayor
de golpe y no rendirme.
Ahí antes de tu entrega,
antes de que saliera del vientre.

¿Qué caricia entra en el cuerpo
como una navaja sin filo
y se convierte en flor que sus pétalos
abre en el interior de un hombre?

Nunca hablamos de las noches en vela.
Solo antes de irte
recordaste los monstruos
de varias cabezas.

Tristes fueron los temblores
que en tu cuerpo no veía:
una hija en una clandestinidad inamovible,
en los mundos imposibles, un hijo.

La locura dentro;
dentro de las entrañas,
donde vive el silencio,
en el centro del mundo.

HUMILDAD

Sentir desde la raíz.
Podría ser la noche,
el enigma oscuro
de tus sueños.

¿Desapareció la luz?
Un cuarto cerrado,
sellado, sin ruidos,
es parte del misterio.

Ante la muerte,
no se puede vivir afuera
cuando aceptas
el encierro.

No se puede vivir
sin haber estado ciego.
Sentir la nada estando solo.
El todo acompañado.

JARABE

Una mano descubre el ánimo,
un brazo cubre la mirada,
ya no estoy en tu regazo
y la cruz está vacía.

Cáliz que se ofrece a una boca,
jarabe que se bebe de una cuchara;
el beso en la frente,
eso que no se hace con prisa.

Los días se cuentan por las sábanas
que se cambian en la cama.
El cuerpo se enrolla paralizado,
las astillas, los clavos atravesados.

La luna acaricia la ventana,
el doctor dijo que serían unos días,
pero los dioses descubren la cuna vacía,
tus ojos me miran y yo te sonrío.

Es eterna la espera: lloras
una última lágrima sin fuerza,
mientras yo seco la mía
para que no salga.

El recuerdo ha de ser noble;
ante el dolor, la belleza,
ante el sufrimiento, la entrega,
y la bondad frente a lo inevitable.

Ese jarabe que sabe a sangre,
este descenso que no llega,
este hedor que no se va,
ese hablar sin palabras.

MADRE

Podría ser una carta de perdón,
aunque no se lea ni se entregue en mano.
Una donde se cosen lazos
en una manta que cubre las sombras.

Ninguno de los dos sabe qué será de este mundo
en el que tantas madres engendran a sus hijos.
Oré por ti, pero te maté más de cien veces en vida;
viviste apenas en unos poemas contados.

Quizá te faltó ternura, pero me diste ropa
y la puerta de tu casa siempre quedó abierta para mí.
Fuiste bondadosa y sé que has sufrido, te dije
que habías sido una buena mujer, una buena madre.

Pero no te quedaste tranquila,
lo veo en la mirada ausente.
La conciencia se pierde en unos meses,
te entregarás cuando te lo pida ese a quien no se olvida.

He hablado de esa voz que no sale,
y no puedo olvidar cuando lloraste.
He escrito de lo que vendrá después,
cuento los días ahora para que no llegue.

DESAPARICIONES

Desaparecen las cosas, los sueños,
también la infancia, como tus flores.
Desaparecen las mujeres y los hombres.
Deberían hacerlo después de haber vivido, no antes.

Desaparecerá la casa, el balcón con sus macetas,
se borrará la calle. Desaparecerán la playa
y el mar que debía cubrirla entera,
desaparecerán ante mis ojos.

Con tantas desapariciones
la carretera que me llevaba hasta ti
quedará en un mapa polvoriento
que con el paso de los días ni yo recordaré.

Desaparecerán los recuerdos,
tu rostro, tu voz y tus gestos.
Contigo se irá el tiempo ganado,
alguna parte seguramente se pierde.

Desaparecerá una manera de nombrar,
una manera de perdonar,
un modo de hablar,
un estilo de vida.

Desaparecerá lo que más quiero,
el lugar donde fui niño.
Desaparecerá el regreso; no lo hará
la orfandad, que crece.

MEMORIA

He vuelto a sentarme en la escuela,
tiré el papel al cubo de la basura,
el bocadillo en mis manos,
envuelto por ti en la cocina.

Contigo he vuelto a la terraza
de cal blanca, al verde
de las hojas de parra,
al sol entre los alambres de acero.

Contigo me he quedado
una vez que pasó el tren rápido:
en los asientos iba yo solo;
una vez, al colegio; otra, de regreso a casa.

He vuelto a la estación de la memoria.
Esa impaciencia aún vive al no saber
desde qué lugar llegaría lo que se espera,
en qué sitio quedaría lo que se nombra.

He vuelto a las manchas en la pared,
a las mantas tejidas con agujas largas,
a mis primeros poemas:
tejer y escribir son lo mismo.

No hay más recompensa que el tiempo
que se detiene, más regalo que el abrigo
cuando se necesita, más ofrenda
que la espera compartida.

ARTE

Entré en el taller de Brandon, me mostró sus pinturas:
coches abandonados, sillas rotas,
tanques roñados, chatarra en mitad de la campiña.
Si hablas del arte, aparece la lluvia.

A su tía Una la cuidó el tío Eugene,
pura dedicación y amor.
El Parkinson la secó
como una pasa vieja.

Pasaron años hasta que quedó dormida.
Eran protestantes, se amaban.
El marido cuidaba de la esposa
con la ayuda de una mujer joven.

En casa éramos católicos,
me preguntaste si era creyente.
Respondí que la poesía es espiritual
y que el cuerpo no es tan importante como el alma.

Hablamos de las acuarelas
que pintan las nubes sobre las casas,
de las ventanas que saludan al sol,
de la niebla que se desparrama en los tejados.

David me habló de sus tíos en Inglaterra.
Yo, cuidadosamente, hablé de mis padres,
de vosotros, hasta quedarme a solas
contigo: el silencio te pintó, madre.

Mis pinceles se sostienen en mis labios,
térreos colores estallan en mi boca,
serán palabras algún día,
reales como la vida misma.

VIDA

Hablé con mi amigo.
Él me llamó y yo respondí.
Aunque no tenía ganas de hablar,
le conté cómo me sentía.

No le dije cómo estabas:
ya no comías, sorbías agua
de una cucharilla, había
que limpiarte hasta el hueso.

Mi madre estuvo varias semanas así,
son mujeres duras, no sé cómo un cuerpo
puede aguantar tanto...
El silencio se impuso.

La vida también es eso, añadí.
Una persona se transforma
y la enfermedad nos cambia
por fuera y por dentro.

Lo que no le dije es que es triste.
Triste por ver el final de ese modo.
Me apena tanto la caída de una persona;
¡cómo no entristecerme por el descenso!

NOCHE

Me gusta trabajar de noche.
Tú lo hacías; cuando nos acostabas,
seguías con las tareas: la ropa del padre,
la plancha, la comida, las conservas.

Cuando por la mañana abrías las ventanas,
el cuarto abandonaba la penumbra.
Digamos que se encendía el nuevo día
cuando aún te perseguía el rayo de la noche.

Padre ya se había marchado temprano
y, tras haber limpiado la casa,
con la manta vieja que protegía la mesa
la cara roja de la plancha eliminaba las arrugas de las prendas.

De acero brillante eran las horas, claras las telas
que movían tus manos, de arriba abajo,
algo que se iba a ordenar en silencio luego:
la vida limpia, los sentimientos confusos.

La vela en el cuarto, la virgen en la alacena,
las fotos de los abuelos en la entrada
y la máquina de coser, una Singer,
movida por pedales, en la salita.

Cuando cumplí quince años,
me regalaste una máquina de escribir.
Para que escribas, me dijiste,
para vestir tus sueños.

Hubo más cambios: desapareció la radio,
vino la televisión, luego el ordenador,
pero en esencia no cambiamos mucho:
la vida despierta en las noches.

PARECIDOS

Sé que no es lo mismo:
yo he muerto en cada libro acabado.
Y en cada cuaderno cerrado,
en la última página no va un punto.

Va lo que puede venir luego,
eso que no se ve, pero se abre,
eso que parece inalcanzable.
Sé que no es igual, solo parecido.

Dudas, dolores, confesiones
nunca hechas, palabras
que no se escribieron, quizá por pudor
o por miedo; quién sabe.

Podría ser el destino.
¿Quién sabe adónde vas, quién sabe
por qué callas o por qué lloraste?
¿Por qué reíste también?

Va un punto que contiene lo dicho.
Es un sentimiento que no se olvida:
lo que se escribe permanece,
también lo que nunca se cuenta.

VENTANA

¿Recuerdas cuando mataron al vecino
y todos miraban por la ventana?
Bajaste a la calle, quisiste ayudar
para que no se desangrara, pero fue tarde.

También lo hiciste conmigo:
sin saber quién era Dante,
bajaste al infierno.
Lo hiciste para salvarme.

Es la misma calle,
apenas ha cambiado.
Pasea gente, se abrieron tiendas.
Miro su fotografía del año que naciste.

PADRE

Aprendí a estar
en el lugar justo
después de haber estado
en el equivocado.

Aprendí a conformarme;
esto me lo enseñó padre.
Hace un año murió; dijiste
que ibas a ir adonde estaba, pronto.

También que soñabas con él,
pero que no te hablaba.
Cuando entré en el cuarto después de su muerte,
me viste desde la cama y lloraste.

Pronunciaste su nombre, pero era yo.
Dijiste padre, pero era el hijo.
¿Lloraste porque me viste llegar
o porque te lo recordé?

Añadiste que el traje me quedaba bien
y que estaba guapo. Me hubiera gustado
oír ese piropo en labios distintos;
quizá cuando estaba, como ahora, solo.

Pero fueron tus palabras.
Te dije que estuvieras tranquila
y que todo saldría bien.
Eso lo aprendí también de él.

POESÍA

He escrito novelas y ensayos
para comprender a los seres humanos,
para aclararme con la vida
o para explicarme lo sucedido.

Pero, cuando necesito gritar,
acude en mi auxilio la poesía;
lo hace para que no me desespere
o no me vuelva loco.

Cuando necesito llorar,
para que no lo haga en público,
se pone a mi lado
y me susurra lo que he de hacer.

Cuando necesito calmarme,
aquieta mi nerviosismo.
Respira de otra manera, me dice,
hazlo despacio.

He escrito libros de memorias
y diarios: peligrosos, radicales.
Pagué el peaje de la soledad:
los que los leyeron ya no me saludan.

Cuando quiero rezar, rápido
se viene conmigo. No he de arrodillarme,
no he de justificarme.
Nunca me abandona.

TRISTEZA

¿Qué es eso que nos acompaña
a todas partes? ¿Qué es esto
que tanto agota? ¿Es la pérdida
o es el recuerdo, que no es suficiente?

¿A qué se debe este momento
que tiene aire gris, azulados
rayos de sol en mitad de la frente?
¿Es el tiempo sin dirección alguna?

¿La nostalgia, que se adelanta?
Quizá sea así: llega antes de que llegue,
es antes de que sea, se convierte
en manta que nos abriga sin peso alguno.

Resignación

Recojo una hoja del suelo.
Antes cogí una hoja de papel.
Quise comprar un cuaderno,
pero las tiendas estaban cerradas.

Son las seis de la tarde, ha pasado una hora
desde entonces. Miro si hay una llamada
en el móvil; no hay nada entre tú y yo,
ningún mensaje, ninguna palabra.

Entre tú y yo no hay nada
porque nada ha de haber
entre la vida y la muerte,
que nos resigna a ser distintos.

Nada que quede de más,
nada que se eche de menos.
Si sucediera, nadie ganaría.
Si no fuese así, nadie perdería.

CLAUSTRO

Paseo por sus galerías y columnas,
escucho un viejo eco, un viento recio.
Mis pies se arrastran con pasos cortos,
mis manos se anudan dentro del abrigo.

¿Por qué soy feliz en estos lugares?
¿Podría ser que hubiera vivido antes
en un monasterio? ¿Que mis oídos
reconocieran sus cantos?

Fue hace muchos años:
trabajaba para la congregación,
leía los Salmos y escribía textos
que otros consideraban sagrados.

Fue hace muchos años
que abandoné el jardín cuidado,
en el centro, el pozo.
El rezo ante lo inesperado.

Escuchaba el llanto
que gravitaba entre sus capiteles.
La piel se estremecía y se expandía.
¿Fuiste feliz en esos meses?

CUARTO

Sobre tu cabeza, el cuadro de las manos
entrelazadas que os regalé.
Cerca de la ventana, la virgen de Aitzpea,
cosida por las tuyas que ahora no se mueven.

Ese es tu nombre: bajo la piedra.
La misma que sostiene el mío: Kepa.
En la mesilla, las gafas, las medicinas,
el pañuelo bordado con tus iniciales: A. A.

En mi cuarto están los pañales,
al lado de las fotos de los abuelos.
La cama tiene una manta tejida por ti,
un banco hace de mesilla.

En tu cuarto, alumbran dos bombillas de la lámpara.
Donde yo duermo, de seis, solo otras dos.
De niño todo me parecía grande, limpio,
y lo que se rompía se arreglaba.

Ya no te levantas temprano de la cama
para limpiar lo limpiado, y tus manos
no pueden sostener el alimento
que no puedes probar desde hace días.

En las paredes desnudas estás tú.
Un bordado enmarcado
y dos fotos de cuando eras joven,
en blanco y negro.

Cocina

Azulejos verdes,
la mesa con el mantel rojo,
dos sillas, una frente a la otra,
una tercera, que no se ve, bajo la mesa.

Se acercan los últimos días
como se guardan los platos en el armario
ahora que no cocinas y no se abren
las cazuelas para los invitados.

¿Recordar las navidades
con tantos comensales juntos?
Hace un año eran solo tres platos:
padre, tú y yo.

Luego, los dos que quedaron
se convirtieron en uno.
En la bandeja, con la servilleta,
te llevaba la comida a la cama.

El plato de la última cena.
El vaso pasó a ser una cucharilla
que deslizaba una gota de agua en tu boca.
La servilleta aún era de tela.

Ese plato tiene un brillo distinto.
Tiene el vacío del presente.
El vacío de una vida
que se despide y no se queda.

Contagia este vacío que duele.
Reluciente como el cielo,
ocupa el cosmos desconocido,
atraviesa el destello del universo.

Los platos, en el armario,
no se devolvieron a la mesa.
Se llevaron la ropa y trajeron
una silla de ruedas.

Quedaron las de madera.
Una, debajo de la mesa.
Otra, en una de las cabeceras.
Al frente, con respaldo, la tuya.

TARDE

Todos esos momentos
en que estamos juntos
como si no lo estuviésemos:
tumbado en la cama te abrazo.

Cojo tus manos entre las mías:
rígidas, ásperas, se ven las venas
que la piel cubre, como un ligero velo,
también al hueso, que no se mueve.

Bajo el jersey verde,
tu color favorito,
bebí de esa leche,
pero no se perfilan los senos.

En la tarde que te arropo
cuando te estrecho,
eso que se muere
cuando estaba tan vivo.

Te beso en la frente,
te toco las mejillas,
limpio tus ojos con mis palabras:
te quiero, madre, te dije.

¿Por qué no lo iba a hacer?
¿Porque estábamos solos y no nos oían?
¿Porque nadie nos veía
como cuando me amamantabas en la cocina?

Alguna vez te besé cuando volvía a casa
y aún podías abrir la puerta.
Por el sonido de mis pasos
sabías que era yo el que llegaba.

Fue tarde, ahora me doy cuenta
de que llegué tarde a casi todo:
al trabajo, al dinero,
al amor, al matrimonio.

Solo una vez tuve prisa,
el día que salí de tu vientre.
Inesperado el vacío
cuando es tarde.

Te pido perdón por esta tardanza:
ahora que no puedes hablar como antes,
lo que ves, lo que oyes,
y lo que debió ser me conmueve.

TIEMPO

Son escasos los minutos que nos quedan
para vivir intensamente
y unos pocos segundos
para ser conscientes de que respiramos.

¿Adónde se dirigen
los sueños que no se cuentan?
¿Adónde iré yo cuando mi vida
no tenga un reloj a mano?

Esa incertidumbre que es el tiempo.
Ese sitio de entrada, pero sin salida.
Ese devenir que no es real
y que algunos llaman destino.

Cuando llega el final,
la comprensión se desvanece.
Pero la realidad es firme: no se puede marchar
sin haber sufrido, amado y vivido.

DESCANSO

Alguna vez en vida
la flor de la noche recoge sus hojas,
el cuerpo se encoge, duerme la sangre,
descansa la paz del mundo.

Lo hace con tiempo,
tal como el cielo reposa
después del aguacero y el mar
se calma tras las olas.

Descansa tú también, cuerpo,
no tengas miedo de la oscuridad
que no es la de la flor
que se ovilla en una rama vieja.

Descansa también tú, alma,
no vayas a huir
entre la arena mojada,
una lágrima seca son los sueños.

Hacedlo sin hacerme mucho caso:
un pétalo lejano
que hoy, entregado al viento,
vuelve a la orilla.

Hazlo sin pensar demasiado.
El mar te enseñó a andar
cuando tenías muchos años.
Aléjate sin saber que lo haces.

ASTRONAUTA

Te miro desde lo alto,
observo los cráteres en la sábana
como lo haría un astronauta
que mira la Tierra desde su nave.

Montañas grises, pliegues claros,
enterramientos de los antepasados
en el atrio de la iglesia. Cuando abrieron las tumbas,
sus esqueletos eran muy pequeños.

Tú también eres muy pequeña
cuando tiempo atrás fuiste muy grande.
Llevo una escafandra que me impide llorar
mientras puedo respirar por dentro.

Estás encorvada en silencio,
te miro desde lo alto
y veo un continente diminuto
con una mancha gris envolvente.

Las telas azules
cosen países bajo la lluvia,
un país decrece
entre las fronteras inexistentes.

Desde arriba todo se ve
de otra forma: no hay capitales,
no hay sentimientos, solo aire
y belleza a partes iguales.

Madre, soy un astronauta
suspendido en la conciencia
ante la muerte que no existe,
en ese mundo vuestro tan desconcertante.

Siempre me sentí una gota
en una nube con una unidad aparente;
ahora no hay separaciones entre el mar
y las montañas, entre los pueblos y las ciudades.

Soy ese astronauta que toca
con sus guantes las estrellas
y acaricia en lo alto el cielo
para que lo alcances con tus dedos pequeños.

Sabes, si volviera a nacer
me gustaría salir de tu vientre al mundo;
soy un astronauta que no teme el peligro,
alguien a quien le gusta volar libre.

RAREZA

El amor no está reñido con la ceguera.
El recuerdo tiene emociones olvidadas.
Soñar despierto no es aconsejable
ante unos ojos que nos miran.

La rareza, como una mirada
que te descubre frente a los demás,
te desnuda en un espejo
que llevas contigo a todas partes.

Madre, yo ya te expliqué las mías,
tus espejos son esos que impone la vida cotidiana
y alguno más que se rompió
entre los deseos no realizados.

Aquel día cayó la fotografía al suelo,
el cristal que protegía vuestra boda
se hizo añicos. La escoba temblaba,
el recogedor no estuvo quieto.

Padre no estaba, pero yo te vi
recoger trozos invisibles con la pala,
escombros calcinados brillaban
en un cuerpo atravesado.

Pero no te preocupes, esas astillas
ya no cortan la respiración
ni hacen sangrar los pies desnudos.
Los llevo yo conmigo, para que tú camines.

Traspasan mi corazón
para que tu alma sea humo.
Las guardo en un cofre de poemas,
blindado, para que nadie más llore.

REGRESO

¿Volver? Pero ¿adónde?
¿A la casa donde nací, al cuarto
donde leí los primeros libros,
a la terraza de los tejados a lado y lado?

No puedo volver a cruzar
la frontera entre la razón y la locura
cuando te falta el aire
y no puedes tragar ni saliva, y no duermes.

¿Volver a despertar
en otra cama, en otro hospital?
El dolor traspasa el aire
si la respiración no respira.

¿Para qué volver al castigo,
a la penitencia, al rezo,
al miedo, al temor que se traspasó
de una madre a su hijo?

Las velas que prendías en la iglesia
en las sombras las enciendo yo;
las puertas que padre cerraba,
las abro yo para que pases por ellas.

ATREVIMIENTO

Atreverse a llamar a las cosas
por su nombre o callarse;
o decir no, eso que es fácil al principio
y luego se convierte en imposible.

Atreverse a cruzar a lo desconocido,
ese arrabal incierto de falsas lealtades.
A sentir el vuelo de los pájaros negros
en los pálpitos del corazón.

Atreverse o detenerse.
Ir hacia delante o hacia atrás.
Dar un paso o quedarse.
Abrazar o distanciarse.

Atreverse a llamarme,
a quererse, a amarse.
A disfrutar de las cosas pequeñas
y de las grandes.

ESTACIÓN

En una estación de flores
surgió una parte de mi vida,
mi vida que está escrita
ahora que acecha la muerte.

¿Sabe ella lo que hiciste
o solo cumple con su trabajo
sin que tarde o temprano
se fije en lo que hace?

Contemplo la flor marchita,
la tristeza en unos ojos,
el cuerpo ovillado
en una estación sin regreso.

Contemplo el dolor
y no puedo hacer nada.
Las paredes están descoloridas
y ni siquiera puedo repararlas.

Podría escribir con una brocha tu nombre
y luego firmar con un pincel de punta redonda,
tal como hice de muchacho
con las sábanas de la vecina.

Cómo rugiste, tardé una semana
en confesar mi delito, era obstinado
y terco aun en la mentira; la abuela
limpió aquel cuadro imborrable.

Las mujeres llevaban la ropa al lavadero,
y la secaban en las terrazas los días de verano,
desde donde se veía pasar el tren
de los Ferrocarriles Vascongados.

Yo iba a la escuela por entre las vías,
tú me esperabas con la comida en la mesa.
Bebía gaseosa La Casera
en un vaso de espuma reluciente.

Tú ya no bebes, espero a que duermas
mientras pasa el tren de largo;
quiero pensar que los vagones
no están vacíos.

Luz

Más que lo que he pensado
he dicho y alguna vez he rectificado;
tú has callado, y mucho.
Qué puedo decir: somos distintos.

Pero podríamos ser iguales:
una mujer, un hombre,
un roce que se desintegra
con un gesto parecido.

Me llevabas a la capital
para que me viera el oculista.
Podría ser que entonces no viera
lo que hoy veo con claridad.

¿Qué puedo decir ahora?
Podría ver las letras diminutas
en el cuadrado blanco
de la pared del fondo.

Tus gafas están sobre la mesilla.
Hasta que el pulso y la vista
lo permitieron, escribiste
nuestras iniciales en la ropa de casa.

Oía el ruido de la máquina de coser
hasta que una mano retiraba
el libro de mi pecho
y apagaba la luz del cuarto.

Cosías recuerdos con vida;
ahora tú estás en la cama y soy yo
el que apaga la luz y cierra la puerta.
Como tú que sabías, sé que no estás dormida.

SILENCIO

Sin darme cuenta
he llegado hasta aquí:
tuve suerte, mi destino era otro,
pude cambiarlo.

Sentí su lamento,
pasé hambre, tuve frío,
me golpeé con las paredes,
llegaron tus cartas.

¿Qué sería de mí si hubiera hecho
otra cosa? A Oviedo, a Berlín
mandabas paquetes con comida
y jerseys hechos a mano.

Conocías mi plumaje,
el niño del pájaro débil,
herido durante tiempo
por el dolor de su tierra.

Cartas con tu letra, gritos en silencio,
escucho todo eso: el peligro
que conlleva vivir lejos,
alejarse sin compañía.

Pero no temas: en esas ciudades
no hay un gato negro que cruce cuando yo miro.
Ese tigre oscuro aún no ha llegado
para desgarrarme la piel en sueños.

Para que pasen los días,
hablaré con él del miedo.
Para que pueda leer tus cartas,
le diré cómo era.

Oración

Señor, sabes por qué estoy aquí.
No sé lo que pasará
ni lo que será.

No sé lo que sucederá
ni lo que quieres de ella
ni lo que quieres de mí.

No sé cómo serán los días.
Sin embargo, ayúdale.
Ayúdame.

Casa

Durante meses la vi envuelta
por plásticos y andamios,
pero quedó como era
en un principio.

No pude abrir las ventanas
con tranquilidad, los operarios
escalaban la fachada: azul claro,
como a finales del siglo XIX.

Los abuelos te la dieron
y desde entonces
reivindicabas su propiedad
con una autoridad incuestionable.

Padre se sonreía al oírte
y te provocaba: está bien, lo reconozco,
pero la terraza fue cosa mía,
la mandé hacer yo con mi dinero.

Con la puerta abierta del cuarto
la vimos desde la cama:
sin macetas ni flores,
desnuda, bonita, fría.

Por eso mismo pregunté:
¿qué quieres que se haga con ella
cuando no estés? Tu respuesta:
que se quede en la familia.

Es tuya, fue tuya, sigue siendo la misma.
En tu respuesta, quizá sin saberlo,
una reivindicación femenina.
Pero padre era un hombre bueno.

Dijiste que la hija de la vecina
se había casado con una mujer
y que en tus tiempos eso no se hacía.
Una reivindicación feminista.

Si hubiera sido joven hoy,
lo hubiera comprendido:
nos escribíamos cartas, algunas mujeres
vivían solas, pero yo no sabía.

NUNCA

Nunca dejaré que te vayas
sin algo de mí.
Tú me lo enseñaste:
algo de mí debes llevar contigo.

Una camisa, el medallón
de la Virgen con tu nombre,
la comprensión de las cosas
o los hechos antes que las palabras.

Allá donde vayas,
quizá a una ciudad nueva,
a una casa distinta o sentado
ante la mesa de una cocina pequeña.

Es lo que te digo:
quizá a un cielo que desconoces,
a una visión distinta o a un sueño
con un despertar renovado.

Ten paz y confía,
lo nuevo es mejor que lo viejo,
la nueva vida es parte de la anterior.
Algo de mí habrá en ella.

DESPERTAR

No dormías hasta que entraba por la puerta.
Si padre no había llegado aún
y era yo el que llegaba,
me mandabas a buscarlo.

Explicar lo que sentía
es para otro tipo de poemas.
Se dormía cuando el silencio
ocupaba el sueño de la casa.

Duermo ahora con un ojo abierto
y me despierto para revisar si aún respiras.
Duermes y parece que estás muerta.
He de retirar la manta y observar tu pecho.

Apenas se mueve, no así el mío,
que en vez de quedarse quieto vuelve a un lugar distinto;
a uno donde padre, el último que llegaba
y el primero que se dormía, está con nosotros.

Ah, este ocultarse del sueño
para dormirse de verdad luego.
Con todos en casa: tú, la muerte, yo,
y padre que nos mira desde el cielo.

Alguna noche he pensado que podría hablarle
si fuera en su busca. Pero
¿qué debería decirle yo, que callaba
nada más llegar al bar y lo miraba?

Cuando él me veía, me preguntaba qué hacía allí
y para qué había ido en su busca
si aún era temprano.
Me manda madre, le decía.

Podría ser que fuera también su alegría
parte de esa vida no elegida.
Trabajaba duro, era feliz con sus amigos;
también con su mujer y su hijo.

ENFERMEDAD

El mismo día que lo supiste
no quisiste salir de casa.
Temblaban los labios, el miedo
movía los pies, mas no como antes.

Ni siquiera la posibilidad
de una silla de ruedas
que te sacara del cuarto
sirvió de pretexto o de coartada.

Menguaste como lo hace la luna,
con el paso de los días
fuiste sombra sin fuerza, peso
que había que sujetar mientras tanto.

Decir que no eras la misma
no sería justo. Oías, hablabas
y, cuando dejaste de hablar,
seguiste oyendo lo que pasaba.

Ave en un nido
al que había que llevar comida,
las plumas se fueron cayendo
hasta que no pudiste volar de nuevo.

Volver o no volver
a ser la de antes;
sentir la enfermedad por dentro,
la mente cuando no está en blanco.

Qué herida llegó un día
para que no pudiera ser cerrada,
cicatriz para despreciar
con noventa años cumplidos.

Un ave con el pico abierto.
Ojos removidos; la piel
con una luz que no había visto
en un ser vivo.

Vida intrusa antes del final,
inutilidad después de la aceptación.
Aceptación que comprende lo que duele,
dolor que acabará con la muerte.

FOTOGRAFÍAS

Entre los libros estáis,
estáis los que fuisteis parte de mí.
Vivos, al menos en un instante
que sirve para el recuerdo.

También estoy yo: de niño,
en tus brazos, con padre,
con los amigos que ya no están
y que nunca olvido.

Años de aprendizaje,
sin saber que lo eran.
Tiempos de bondad,
sin saber que se iban.

Se fue la nostalgia, se borraron
los nombres de la agenda,
se cambiaron los lugares,
quedaron las baldas llenas.

Me suelen preguntar
si he leído todos esos libros.
Quizá lo haya hecho; al menos,
unas cuantas páginas.

Lo que no les digo
es que no soy yo el autor
ni el protagonista de esas imágenes.
Que tan solo las miro.

LUNA

Quiero ver la cara oculta de la luna;
¿es verdad que cambia
como lo hace el cuerpo que declina
antes de que oscurezca para siempre?

Espero que suceda lo mejor.
Tú eres pequeña, pero, incluso
en manos del delirio, eres tu propia dueña;
de ti depende ver qué hay al otro lado.

Lleva la luz a ese lugar de tinieblas.
Lleva la frente marchita si se te antoja,
lleva todo lo que has sido
y pudiste ser acaso.

Un gran árbol, un pájaro bello;
te faltó el ligero canto
de las aves en pena. A todo el mundo
le atrae un alma buena.

Quizá llegaste a iluminar mi luna nueva
para que no me perdiera
y no fuera, por eso mismo,
un alma descarriada.

Las embestidas del tiempo,
de lo que se espera, es algo nuevo para mí.
Con padre no me pasó,
se ve que nos une la raíz de la tierra.

El cielo de la respiración entrecortada
en los meses del cuerpo
que se entrega. A todo el mundo
le atrae un alma generosa.

VISTA

En el día de Santa Lucía
salías con las amigas,
la patrona de las modistas
tenía una fecha señalada en el calendario.

Qué casualidad, también es la de los oculistas.
Que Santa Lucía te proteja la vista, se dice.
Una santa para los oficios delicados,
me hubiera gustado que se incluyera la poesía.

Se ha de leer a los maestros,
se han de interpretar los signos,
se han de tener el pulso sereno y la vista clara
para seguir la línea de la vida y no confundirse.

Con ochenta años me contaste
que las mujeres tomaban una consumición
en la cafetería donde comprabas el pan
mientras leían el periódico.

Dijiste que te hubiera gustado pedir un café.
Te convencí para que lo hicieras,
ese gesto no suponía un gasto extra a tu cartera,
había que gozar de las cosas pequeñas.

Desde entonces fueron todos los días del año
que lo hacías. A veces te quejabas
de que el periódico estaba ocupado
y que no habías tenido suerte.

Te recomendé que en esos casos
podrías comprarlo, por una vez no pasaba nada.
A casa llegaba *El Diario de Noticias*, para padre.
Pero a ti te gustaba mucho más *El Diario Vasco*.

Cuando te preguntaron a qué se debía ese temblor,
ya no bajaste ni a la cafetería, ni a la carnicería,
ni a la pescadería. Esos cincuenta pasos
que tú convertías en una novela todos los días.

Alguna vez yo compraba *El Diario Vasco*,
subía con un par de cafés en vasos de plástico,
pero ya no fue lo mismo: no había milagros,
el sabor era otro, amargo.

Yo te leía el periódico, pasaba las páginas
y te confesaba que estaba perdiendo la vista.
Esto ya lo conté en otro poema titulado «Madre»,
donde decía que el macramé era como la poesía.

No creo que sea necesario volver a ello.
Los ojos que no me han leído hoy
no lo harán mañana.
Los tuyos siguen siendo bonitos.

TARTA

Un destino prematuro
nos marcó de por vida.
La profecía dijo
que nos uniría más que separarnos.

Pero yo no sé si acertó, al menos de lleno.
Se casaba la tía Belén
y el nacimiento inesperado
impidió que lucieras el vestido nuevo.

Durante semanas lo habías cosido con esmero,
como todo lo que hacías, pero finalmente
quedó dentro del armario,
como quedan las identidades irreconocibles.

Para celebrarlo te llevaron
un trozo de la tarta de bodas
a la habitación del hospital.
Yo no estaba en tu regazo.

Nos unía lo que parecía estar separado.
Cada siete de mayo cumples años,
la tarta que compartíamos sería la tuya,
porque yo lo hago una semana antes.

Total, por unos cuantos días,
es mejor que celebremos los dos juntos.
Llegan tus regalos, se corta la tarta
y se olvida mi nombre.

Me acostumbré y dejó de importarme
que hoy pueda celebrar mi aniversario
el día de tu nacimiento y no en el mío.
Total, para qué: sigue siendo lo mismo.

Ambos en habitaciones aisladas
mientras la familia está de fiesta
y tú de enhorabuena. En la incubadora yo,
tú no estabas conmigo.

ALAS

Por las esquinas del universo
volemos por última vez, juntos.
Volvamos a la montaña,
a los pueblos de las colinas.

A los ríos entre los árboles,
a los desfiladeros sin flores.
Traspasemos las alturas de las rocas
con los pájaros de la tarde.

No pueden ser heridas
sin cerrarse, no puede ser
que el nido esté
a punto de caerse.

Alas: sentimos el abandono.
Vuelo, nada nos debes;
nos vemos en el camino
antes del último salto.

DELANTAL

El delantal colgaba detrás de la puerta
de la cocina, también la bata.
En dos clavos se estiraba la cuerda.
Con tiempo, se juntó un babero descomunal.

¡Qué grandes se convierten los detalles
que un día fueron pequeños!
¡Cuánto espacio ocupan
los inconvenientes!

Años sin darnos cuenta
de los buenos momentos
que de pronto, por su inocencia
o su inoperancia, se olvidan.

Yo también me lo ponía,
para cocinar y fregar la vajilla,
para servirte un plato
de puré frío.

En esa cocina ya sin fuego,
en esa habitación sin apenas luz,
con ese mandil blanco
lavado a mano.

Las flores desgastadas
con manchas amarillas,
lamparones de aceite,
saltos de la sartén a la tela.

Si me pidieras que me llevara algo de ti,
me llevaría el delantal de tu casa
a la mía, cocinaría mi comida,
fregaría los platos con él puesto.

Lo colgaría detrás de la puerta
y, aunque en el fondo algo quede,
restregaría con ese regalo el mundo
para dejarlo reluciente cada día.

LENGUA

En qué lengua hablamos hoy, noche,
cuando parece que callas
y entre mis labios y los tuyos
suena la de mi madre.

Yo no me quejo ni me rebelo:
me enseñaron la que aprendí en la escuela
y, aunque para algunos sea un traidor,
me convertí en un escritor en castellano.

Pero, ahora que se te va la vida,
volvemos a hablar en euskera.
Te respondo entonces en esa lengua:
lo que se comienza se ha de terminar igual.

Qué raro es todo esto: del euskera
pasamos al castellano
y en un momento ambas se mezclan.
No me preguntes si escribiré un libro distinto.

Me lo han preguntado tan a menudo
que ya no respondo. Pregúntame si fui
feliz a tu lado o si he hablado más
de lo que he callado.

En todo final y en todo delirio
vuelve a salir la lengua primera.
El cuidador se pregunta qué pasa,
pero soy yo, el incomprendido, quien habla.

TELÉFONO

Me quedo con el teléfono en la mano.
Sonó en la mañana,
hacia las nueve y cuarto,
una voz dijo: ya está.

Quiso decir: ya se ha ido.
Podría haber dicho: ha muerto,
ya ha fallecido.
Pero dijo: ya está.

Ya está la madre donde debe estar:
en el cielo de las dudas comprensibles,
en la transparencia de las cosas inexistentes,
en la materia que nos cubre.

Ya está en la tierra de los antepasados,
con los ángeles que la miran
y la luz divina,
está donde debe estar.

El teléfono sigue en mi mano,
podría llamar, pero no lo hago,
está sin sonido.
Al otro lado no hay nadie.

Ropa

He de elegir la ropa para el funeral.
El traje que me cosiste
lo usé hace un mes
en la presentación de mi último libro.

Recuerdo el regreso de Berlín,
invitaste a mis amigos a casa.
Dejaron sus bolsas y mochilas
en el camping sobre la playa.

Antes de marcharse, su ropa
estaba limpia: cosida, zurcida y lavada.
Tú no sabías que ellos
no reconocían su ropa planchada.

Tú no sabías que eran *punks*
y no les importaba la vestimenta,
ni la comida que tan a gusto comieron
ni la vida familiar que con amabilidad les ofreciste.

Tú no sabías quiénes eran Rimbaud,
David Bowie o Ulrike Meinhof,
pero sabías del hambre de la guerra
y pensaste que yo era uno de ellos.

Alguna vez me lo confesaste:
pasaron mucha en la ciudad;
tanta barbaridad que fue aquello, mi madre,
tu abuela ayudaba con ropa y comida.

Nunca pude agradecer ese momento.
Luego, los asombrados amigos, cada uno
tomó un rumbo y no nos volvimos a ver.
Sé que alguno es millonario.

Otro es profesor y otro es arquitecto,
yo escribo. En esa ciudad donde pasé frío,
aprendí el oficio de vivir con poco.
Eso que tú me enseñaste me sirvió mucho.

EXPLICACIÓN

Madre, yo te quiero explicar
lo que es la poesía:
parte de la vida y lleva
a un misterio que nos llena.

Y también lo que es la escritura:
es un ala que va de un lado a otro
del vacío, extiende sus plumas
y deja que pase el viento.

Y lo que es el amor por un oficio:
se empieza cuantas veces
sea necesario. Pese a la soledad,
se ha de pensar en los demás.

Y lo que es la muerte,
la tuya, por ejemplo.
Ya no estás: te ausentas
porque era necesario que lo hicieras.

La poesía aclara ese dilema,
nos ayuda a conciliar el sueño,
nos acompaña con el oficio,
explica la vida cuando alguien muere.

VOLVER

Al pueblo una vez más,
volver para darte sepultura.
Cada uno de la familia
te llevará en sus brazos.

A recordar los nombres
en medio de la lluvia,
mojados sin una nube,
bautizados gracias a vosotros.

Tus palabras eran
las primeras en escucharse.
¿Volver a llamarnos
en medio de la calle?

En los últimos meses,
vestida con un jersey verde,
tu voz se marchitaba
con una candela oscilante.

¿A ese eco que me vio nacer
y se va a otra parte?
Volver a la luz de las mañanas,
al despertar, que no es tan triste.

Copas

En la salita, los armarios están vacíos,
pero en la estantería de cristal
quedan las copas que ganó padre
jugando al golf.

Empezó de *caddy*, para ganarse unas perras,
y terminó siendo su afición.
No te dijo que se hizo socio hasta muy tarde;
aquel dinero se necesitaba en casa.

Los fines de semana se iba al campo
y tú lo esperabas con la comida sobre la mesa.
Volvía ufano con una copa, ahí están:
las del campeonato de España y las otras.

Padre las dejaba sobre la balda
y tú las limpiabas con cera, una a una.
El brillo en las vitrinas
de un hombre feliz con su deporte.

Hasta que dejaste de hacerlo,
un poco antes de que te pusieras enferma.
Ya no las limpio, solo paso el trapo del polvo
de vez en cuando.

Padre tampoco les hacía caso.
Contaba alguna anécdota, pero su mundo
se estrechaba en el balcón
donde era saludado por los vecinos.

El tuyo era la terraza con las plantas,
hasta que fue el cuarto con la cama.
Yo me tumbaba en el lado
que fuera de padre y te abrazaba.

Te contaba mis cosas y tú respondías.
Al principio con frases largas, luego llegaron las breves,
más tarde los monosílabos, un sí y un no
que fueron cambiando de significado.

Por último, con los ojos.
Te pregunté tantas cosas.
Sobre ti, sobre los abuelos, sobre padre,
sobre las copas que no limpiabas.

PANTEÓN

Nunca cambiaste de nombre
solo de ataúd, no fuiste
señora de Murua, sino
María Aitzpea Aurizenea Agirresarobe.

¿Ese nombre tan largo cabrá en la lápida?
Te pregunté si querías que se te enterrara
en el panteón de Aia,
en el de los Aurizenea.

Respondiste que no.
Dijiste que tu lugar estaba al lado de tu marido
y que te enterrara en el panteón
de los Murua, en Zarautz.

De un pueblo de montaña bajaste a la costa.
Te casaste, tuviste hijos,
te faltó ternura, fuiste dura,
una buena madre.

Mis amigos de la infancia te recordaron:
era seria, pero nos daba la merienda y nos trató bien
mientras en la terraza jugábamos al fútbol
y le rompíamos las flores.

CABELLO

Nunca te vi con el pelo largo,
como el de la abuela.
Ella llevaba un moño,
recogía el pelo con una aguja de plata.

Tampoco con pantalones,
preferías una camisa y una falda, un jersey abierto,
el pañuelo de seda te cubría la garganta
y unos zapatos sin apenas tacón, tus pies.

Una mañana subí apresurado,
ella me abrió la puerta en camisón,
su cabello era largo hasta la cintura.
La abuela tenía el pelo blanco.

Vivían encima y en la cocina, el abuelo
alisaba su cabello sobre su espalda
con un peine negro.
Siguieron callados hasta que acabó.

Tu silencio era otro
y tu cabello, con tintes, corto.
Delgada, menuda, de ojos oscuros;
dicen que nos parecemos.

Solo al final surgieron las canas.
La peluquera venía a casa
y te ponía guapa para las visitas.
Me gustaba más tu pelo blanco.

PERDÓN

¿Cuánto tiempo se necesita
para sentir el regreso a la tierra?
Y ¿cuánto he necesitado yo
para saber del cariño que nos profesabas?

Contigo el apellido se pierde:
estuve a punto de cambiar el de padre
para que permaneciera intacto
el paisaje silencioso del abuelo.

Pero no lo hice.
Tampoco he vuelto a Aia,
no he roto las fotografías
ni he dejado que se apaguen las velas.

Aún guardo las llaves de la casa en una caja,
cerca de una vela encendida en la mía.
Podría contarte tantas cosas de ellas,
contar tantas de mí.

Mis sueños, aún firmes, mis amores,
mis fracasos, pero no lo hago,
no quiero entristecerte,
como cuando no hablabas y te miraba.

Sé que me perdonas, todo;
sé que sin leer mis libros
sabes más de mí que cualquiera,
lo que siento y por qué me callo.

Te he matado tanto en ellos
que ahora que ya no estás
debo darte vida. Devolverte
lo que yo mismo te he quitado.

ORFANDAD

Madre, estas palabras sueltas
no son parte de un réquiem
ni un poema largo
hecho de textos breves.

No son tampoco instantáneas,
ni fotografías, ni estampas,
aunque haya algo de ellas
en los espacios en blanco.

Madre, entre líneas
no se debería ver cosas
que no hay ni tampoco leer
frases que no se han dicho.

Estas palabras reflejan el ánimo
de quien se queda solo,
la edad de quien sabe
que no volverá al lugar de donde vino.

Esta orfandad duele, es nueva.
Contigo se va esa ola grande
que se mueve inquieta
de la casa a la calle.

En una playa permanece
el verano que nos bañó en familia.
Te esperaba el mar, aprendiste
a nadar tarde, con cincuenta años.

Ahora me observas entre las nubes
y yo aprendo, casi con sesenta años,
a nadar sobre una superficie nueva
donde a menudo estoy solo.

Resbalo, caigo, me levanto,
miro hacia delante.
Detrás no hay nada y, sin embargo,
es como si estuviera todo.

Buzón

No queda nadie en la casa.
Antes de cerrar la puerta
arranqué del buzón vuestros nombres.
El de padre, corto; el tuyo, muy largo.

Camino por el portal en penumbra,
abro el portón de madera,
no quiere cerrarse,
dejo atrás el pasado.

Una tristeza contenida dejo,
un dolor que no se cómo se irá
viene conmigo. ¿Podría ser
voluble, tal vez liviana?

La nostalgia, con una sonrisa,
acompaña fuera a quien no se rinde.
Se descubre la vida enteramente solitaria,
repasada en cada zancada.

Miro la fachada, pintada de azul,
el balcón con la barandilla de hierro, sin plantas,
mi habitación en una esquina,
los postigos echados.

He de caminar hasta la estación.
Esta vez el tren no me llevará a la escuela,
ni me devolverá a tu voz.
Su sonido me persigue.

Me persigue este vacío nuevo.
Una orfandad que ha ido creciendo
con los días. Horas de soledad estremecida
sin saber a qué se debe.

Si llegaran cartas, alguna que otra factura,
el cartero será quien os recuerde.
Tocará el timbre, alguien le abrirá la puerta,
verá un buzón sin nombre.

Camposanto

No quiero quedarme con esa imagen:
el ataúd empujado por los nietos,
adentro, junto a padre,
en el panteón familiar.

Pese a lo anunciado
el sol apareció, las nubes
se disiparon y un gato negro
descansaba sobre el muro.

Un poco antes tuve tiempo
de visitar la tumba de mi amigo.
Leí su nombre y sus apellidos,
la fecha de nacimiento y la de su muerte.

Me conmovió recordar
que él no estaba dentro.
Tú, en cambio, dentro de mí
a todas horas.

En cada panteón, apellidos reconocibles,
apenas jóvenes, el resto,
casi todos hombres
y mujeres con larga vida.

Un cementerio ordenado,
lleno de flores, una humedad
bella, reluciente,
baldosas que ocultan la muerte.

En otros lugares no es así: a las afueras
de Frankfurt, vi uno de soldados alemanes.
Casi todos ellos murieron
con menos de treinta años.

En Medellín, aunque bellas sus flores,
los muertos, de todas las edades,
son demasiados. Ahí la vida
no vale tanto como aquí.

Aquí, vale porque se entrega al amor
y su recuerdo se mantiene vivo,
Vale por lo que pudo ser
hasta que se va.

Se va a un camposanto a rezar.
Se va a pensar, a llorar,
a hablar con los muertos, a consolarse,
a respirar la pena con cierta melancolía.

Yo fui a enterrarte
mientras me enterraba también a mí.
Leí el nombre de padre y vi el tuyo,
aún sin labrar, en el mármol.

Granito que vuelve a la tierra,
piedra que se esculpe,
libro de camposantos familiares
y cementerios con olvidos.

Labios

Apenas probabas una gota,
padre lo aceptaba,
pero de vez en cuando
bebías con él para brindar.

Mojabas los labios.
Si el abuelo pasaba la tarde del domingo
con una copita de coñac, tú
hacías lo mismo con una copa de cava.

Es que se me sube un poco a la cabeza
y me pone colorada, decías.
Antes de que te fueras,
abrimos una botella.

Te mojamos los labios con champán,
cerraste los ojos y los volviste a abrir.
Cada vez que comías algo,
se hacía lo mismo, pero con agua.

Brindemos por la vida ahora,
pues otros no la tienen.
Por el amor, pues otros no lo conocen,
y por ti, pues ya no estás aquí conmigo.

Moviste los labios, se movieron los dedos,
los recuerdos se movieron,
hasta el presente y el futuro más cercano
se movieron de sitio.

Llenamos las copas,
nos miramos, alzamos los vasos,
dije unas palabras, mojamos los labios,
en los ojos salió una lágrima.

Bebí un poco, pues yo tampoco lo hago,
y ahora que no estás brindo una vez más.
Me he propuesto ser feliz ante tanto recuerdo,
disfrutar más a menudo de la vida.

Paz

Te fuiste en paz. Flor con maceta,
tapia de terraza, cal y jabón
entre la ropa tendida.
Amaste y te amaron.

Cosiste un corazón, tejiste fuerza,
en tus manos se mezclaron
la ternura y el golpe seco.
Fuiste piedra de una virgen en el camino.

Después de haber trabajado mucho
y de haber sido feliz.
Después de haberte recostado
en el dolor de los últimos meses.

En noviembre llegó la oscuridad temida,
tal vez deseada; fuiste vida,
paz retomada, que se va
sin hacer ruido.

ALMA

El alma de la mujer
es como el alma de Dios,
nos dijo el poeta. Yo no digo más:
tan solo, es parecido.

Es lo mismo que el amor.
El amor de una madre,
el amor sincero. Yo no añado más:
tan solo, es posible.

Quizá el destino inamovible
sea parte también del amor.
El destino que se mueve
y, finalmente, es el mismo.

Yo no digo más. Tan solo, es igual.
Igual a la vida que nos duele,
a la nada que entiende a la vida.
Yo ya termino, es así.

Así de limpia como su piel,
así de sencillo como este poema.
Ya lo dijo el poeta:
no hieras a nadie.

TESTAMENTO

He de creer en lo que digo
y dejar que la luz
se pose en mis ojos
como lo hace en los tuyos.

No necesito mucho,
tan solo seguir la voz:
cumplir con lo pactado,
terminar lo empezado.

Lo aprendí de ti,
tú me enseñaste:
levántate pronto, haz las cosas
lo mejor que sepas.

No hables mal de nadie,
ayuda a quien lo necesita.
Retírate a tiempo a casa,
acuéstate temprano.

Se tú siempre,
aunque no te entiendan.
Aunque no entiendas, piensa
que lo mejor llegará pronto.

No temas a Dios, pero
lo que no quisieras para ti
no lo desees al prójimo. Ama
a las personas, ama lo que te rodea.

Y de vez en cuando llora,
llora porque reirás casi siempre.
Y sonríe, puesto que eres serio.
Si lo haces, se te verá cercano.

Cree en lo que tienes,
y, aunque no creas, cree en ti
y, aunque no sepas,
apóyate en lo que haces.

Que lo que has de hacer
ya está empezado,
que lo que ha de acabarse
lo harás tú mejor que nadie.

AGRADECIMIENTO

Agradezco tu sacrificio.
Pudiste irte y no lo hiciste.
Volver a casa y te quedaste.
Ser otra y fuiste tú.

Agradezco tu fuerza.
Pudiste ser hoja de olvido,
raíz que el viento enreda,
pero fuiste árbol erguido.

Agradezco tus regalos,
todo eso que se da como si nada.
Todo eso que se entrega
y parece que no es mucho.

Agradezco tu tiempo.
Pudiste haber recogido el presente
y cambiar el futuro con el pasado,
pero no lo hiciste.

Agradezco tu inteligencia.
Esa intuición que, tal vez por el tiempo
que viviste sin libertad,
parece otra cosa.

Te doy las gracias por tus enfados,
por algún coscorrón en el momento justo,
por estar atenta y vigilante
y decirme la verdad.

Agradezco tu serenidad.
También tu cordura y tu cortesía.
Yo solo te agradezco lo que es de agradecer.
Agradezco tu generosidad.

Hablar de la educación o de la caridad
sería recurrir a algunos tópicos
que no se deberían usar
en una lista de agradecimientos.

ENTREGA

Deja que tus hijos te sobrevivan,
que el mundo siga adelante
y no temas por lo que sucederá.
Duerme tranquila.

Deja que tu nombre
aparezca en mis libros.
Que tu ser se desintegre
como noche frágil que se va.

Deja que entre mis manos
tu apellido perdure
para que no se olvide quién fuiste.
Duerme tranquila.

Deja que la entrega haga el resto.
Que ni siquiera te ofenda
si no te devolviera una sonrisa.
Duerme entonces y no digas nada.

Duerme, duerme ante lo que sobrevive
y deja que la belleza, ajena
o compartida, prosiga su camino.
Por los siglos de los siglos, amén.

DORMIR

Cuentan los años transcurridos
antes de que durmieras.
Los meses que sintieron
el último despertar.

¿Para qué recordar las horas nerviosas
en una terraza blanca enorme
cuando me perseguías con la escoba
después de haber roto tus macetas?

¿Alguna disculpa?
¿Alguna palabra más alta que la otra?
¿Algún silencio que tardó más de la cuenta
y retuvo lo que se debía haber dicho?

Solo esos años
cuando la mirada era serena
y las horas se ocupaban
antes de que se fueran.

No quiero que este sea el último día.
Aparto los pensamientos negativos
y elijo los momentos compartidos.
La luz ha de verte dormir.

No pienso en esa mañana incierta,
en un letargo innoble, en un dolor sereno.
Pienso en mis ojos abiertos
ante el nuevo día que se descubre.

COLUMPIO

Cuando la luz se balancea
y la sombra espera
que llegue hasta el final
y no caiga.

Cuando los rosales de la terraza
cubren tu rostro
y una espina corta la piel
de una mano que sangra.

Cuando ya eres ese
que no sabía a dónde iba
y sonreía por lo que hacías
antes de que lo hubieras hecho.

Cuando las estrellas
se abren a la paz
y el silencio se contagia
hasta convertirse en noche.

Cuando el balanceo prosigue
y la vida va de un extremo a otro.
Cuando dejas en un lado las penas
y en el otro se detiene.

Amabilidad

Madre, me esfuerzo, intento ser amable,
la vida, tan bella, es dura
para muchas personas.
Hay muchas mujeres solas.

También lo es para mí,
pero me gustaría despertar a quien me lee
o ayudar a quien lo necesita.
Solas, con hijos.

Ofrezco esperanza
que no hay para mí.
Ternura, en los poemas.
Son jóvenes, quizá algún día cambie.

Hay mucha gente sola en las casas.
Intento ser agradable,
por si algún día me conocen.
También hay mujeres mayores.

Madre, me esfuerzo, suelo
socorrer a quien me lo pide;
hablar con delicadeza
para no ahuyentar a nadie.

También con la muerte que está entre nosotros.
Hay muchas madres que lo necesitan,
muchos hijos que deben aprender.
Quizá algún día cambie.

NUESTRO

Hay en nuestro lugar
un tiempo para todo:
para la luz, para la oscuridad;
el mal o el bien; incluso para la neutralidad.

En nuestro lugar
nos corresponde vivir intensamente:
un pasado, un presente,
o un futuro, puede que breve.

Hay un lugar para el padre,
para la madre, para los hijos,
los hermanos, la familia.
También para los amigos.

Es nuestro en todos los sentidos,
en todas las direcciones;
en esos primeros metros que se ven por delante
o en esos otros que se dejan atrás.

Hay en ese lugar un tiempo
para la elegía y la nostalgia.
Otro para el conformismo o el deslumbramiento.
También para el dolor o la calma.

Un tiempo que viene conmigo,
de recogimiento, de pérdida,
y que comparto contigo
para que esté lleno.

MENSAJE

En un día de nieve
con el sol sobre el tejado
despierto por la mañana,
la ventana abierta por la noche.

De pronto, se vacía la historia
de acontecimientos memorables
y el corazón de los días
ya no duele.

A lo lejos, alguien podría decir mi nombre,
pero no sería como antaño,
esta vez me detendría:
¿de dónde puede venir ese mensaje?

¿Procede del sueño?
¿Viene de la melancolía?
¿Es una señal de lo que se fue
y estaba junto a ti hace unos meses?

En mí está todo lo que soy
y no tengo. En ti lo que dijiste
y quisiste decirme mientras tanto.
Podría ser un mensaje claro.

Sigue siendo libre,
no hagas el mal,
mira lo que sucede alrededor
y no murmures ni hables solo.

El retablo de las palabras
se nubla en el cielo.
Traspasa lo que oculta durante el día,
se disipa en la luz de la noche.

BELLEZA

Perdura en las flores,
en la ceniza, en el polvo
que protege el suelo
y en las palabras recordadas.

En la calma de una voz,
en el tono ligero del canto.
En el gusto refinado,
en la seriedad del rostro.

¿Qué me queda a mí
de esa belleza ida,
abandonada en el recuerdo,
indiferente ante el desaliento?

¿Me queda algún recuerdo
que supere la cima de la memoria?
¿Una herencia compartida,
quizá algo de tu sabiduría?

Perdura en los hombres
que escriben a las mujeres.
En las mujeres que oyen a los hombres.
En la paciencia, en la quietud.

También en el nacimiento o en la erosión
que corta el aliento y me dice quién soy
y de dónde vengo. En la respuesta
que se ha de escribir, perdura.

OLVIDO

He olvidado algunos nombres
entre las líneas de la conversación,
así como las llaves o los guantes,
aunque estos los haya recuperado.

Pero los nombres se van
y no vuelven. No vuelven.
Las palabras se alejan
y no puedo cerrar las frases.

Qué desdicha este olvido
que no quiero olvidar.
Mi nombre no se incluye
en este desvanecimiento momentáneo.

Perdóname si dejé a un lado
los momentos buenos;
si aparté de la memoria
los tiernos.

No puedo olvidar tu nombre,
madre, no puedo olvidar
por qué nací; pero puede
que olvide adónde voy.

Entre las palabras que no se dicen
y entre los nombres que no llegan
se suspende el vacío:
olvidar para no olvidarte.

Olvidar las cosas pequeñas
para salvar las grandes:
el amor, la generosidad, la entrega;
el olvido que no se puede olvidar.

PATIO

Hace un año estuve aquí:
el patio de las hojas en el suelo,
el viento moviendo las ramas.
El árbol, sólido, en medio.

Hace un año tuve que dejar todo
y regresar para ayudarte.
Minutos veloces, las ruedas
resbalaban por la carretera.

El patio, como el de la escuela
donde iba agarrado a tu mano
hasta que pude ir solo;
como tú, hasta que te fuiste.

Las piedras son las migajas del frío;
este otoño de los últimos días
que parece que no se va
en el primer día de diciembre de este año.

En el muro hay una pintada.
El artista revolucionario
usó letras de molde.
Dice: LIBRE.

Las mías son de mosquito,
ni yo las entiendo.
Ni yo entiendo lo que siento
cuando veo el patio sin gente.

Las hojas en el suelo,
el invierno que se anuncia.
Las lágrimas que no llegan,
que se congelan, y no salen.

ADVERSIDAD

Queda estarse quieto
ante la adversidad.
Quedan el aliento,
la fuerza interna, el consuelo.

El amor profundo, inefable,
vacío que no puede esperar,
pero duele:
son muchos duelos en uno.

La fatal percepción
que en la fragilidad se queda
y no puede confesar:
estoy cansado, no puedo.

Necesito llorar
y sentir cada golpe;
recibidos con lentitud,
como los que marcan o quedan.

¿Para qué negarme?
Sentir el dolor,
permitir que la vida prosiga,
continuar con esta doble ausencia.

La tuya y la mía,
que parece que no es tal,
pero queda dentro
de la rabia misma.

Queda lo que se comparte:
dolor que queda,
alegría que se desviste
en un túnel largo y negro.

Queda el tiempo que hace su trabajo.
Quedan la comprensión de lo que sucede
y escuchar a quien necesita
que se le escuche.

La paciencia que se mantiene
entre la verdad y el origen.
Debería volver la alegría:
te fuiste, mas queda lo mejor de ti.

Una promesa incierta,
pero que hay que cumplir:
ángel que nos visita en la niebla,
ánimo para seguir adelante.

Cobijo

En la caja de los zapatos,
en el cofre de las joyas,
en la Biblia cerrada,
en el pañuelo de tela blanca.

Huele aún a ti.
La mañana de la habitación,
la tarde de la terraza,
el silencio de la noche.

El sol de la infancia
—lejano en su cobijo—,
la ciudad a la que regreso,
la mirada que vuelve.

Huele a ti en mi camino.
El andar de un poema no escrito,
este libro medio abierto,
aún sin acabar.

Anónimo

Duele el cuerpo,
se arruga con un peso inesperado,
con una torpeza intensa,
navega sin rumbo fijo.

Ese arrecife desconocido
para encallar antes de tiempo.
La tormenta me recuerda
cuando estaba en el puerto.

A lo lejos, el faro; me ato al mástil,
tengo los oídos tapados con cera,
no quiero que nadie quiebre
a este pasajero.

He de sentir su aguijón
y dejar que atraviese mis ojos
su cuchillo intenso.
Cuando pase, volveré.

Renaceré en la arena.
No en un puerto al que regrese
desde las aguas inmensas del océano
como un marinero envejecido.

Un lugar diferente, una playa
de piedra, como corresponde:
una ciudad sin firma,
un nuevo dolor, sin nombre.

LIBRO

Cierro el libro
con sus hojas numeradas.
Cierro sus capítulos,
aunque los recuerde detenidamente.

No quisiste escribirlo,
pero fuiste su protagonista.
Una autora anónima
en medio de una nada muy llena.

Dicen que en la portada
se ha de poner un nombre, no lo hagas.
Que en las últimas páginas
debe aparecer un colofón, no lo hay.

Algunos escriben una dedicatoria,
en este no hay, solo una tela en blanco.
Dicen que las páginas deben estar numeradas,
este libro va y viene. No tiene fechas.

Va y viene de la vida a la muerte,
del nacimiento a la despedida,
después de su destino
va y vuelve a su origen.

Quizá sin un final, sin una firma.
Escribí tus iniciales, tu nombre
entre líneas, escribí lo que sentí,
no lo que acontecía.

Es un libro de tapas negras,
de páginas inmensas, una tela
envuelta en papel, un regalo:
de poemas de un hijo a su madre.

POEMA

Las horas son ventanas de niebla,
tu mirada, segundos heridos.
La noche, gota de lluvia sobre agua.
¿Oyes el viento?

¿Eres capaz de sentir la humedad
que atraviesa mi piel?
Ven y sígueme hasta el sueño
en el que has de seguir viviendo.

Dios sabe que me fatigaré
detrás de un algo borroso que no sé lo que es.
Pero no importa lo que se desee,
sino lo que sucederá.

Sigo siendo el mismo hombre de siempre:
poeta en busca de un trabajo,
de un refugio inexistente, nadando en un mar
que pocos comparten.

Un hijo sin una madre,
un hombre con la voz rota,
ni siquiera puedo volver a lo de antes:
¿recuperaré la alegría al zambullirme?

¿Dejaré de recordarte como eras?
Bella y silenciosa como un poema
que se escribe y vuela,
con tu mano a salvo, a todas horas.

TODO

Madre, todo lo que fuiste
perdura en el viento que estremece la hierba,
también en las horas robadas al tiempo,
que solo se detiene.

Y lo que no fuiste
lo hace este temblor
que traslada lo poco que puede
a la hoja en blanco.

El amor y el sufrimiento,
la paciencia que alcanzaste con tiempo,
el nerviosismo que sentiste cuando nací,
el miedo y la incertidumbre.

Pero también la firmeza y el orden,
la creencia en un algo distinto.
Madre, todo lo que soy lo veo ahora.
Todo lo que sé lo sé por ti.

MARULLO

Es un movimiento diferente,
el mismo de siempre, pero distinto.
No hay viento, pero el aire
levanta las olas ante mis ojos.

Cuando murió padre,
se abrieron las ventanas de la casa;
ahora que te has ido,
el marullo es intenso y no hay nadie.

La galerna del invierno
metió a la gente en sus casas.
Yo también quise escapar del frío,
pero no encontré el camino.

¿Cuál es mi hogar?
¿Es ese donde me esperabas
o es este donde escribo
del marullo invisible de los días?

Una ola grande me arrastra al fondo
del mar, me lleva lejos
sin dirección alguna.
¿Una pequeña me devolverá a la orilla?

Oh, Dios, si existes, deja
que entre en tu reino.
Oh, madre, si me ves, deja
que me arrastre adonde nadie me vea.

Deja que mi vida llegue a un lugar nuevo.
La soledad es una roca que llevo conmigo.
El descenso, ese arrecife
al que exhausto me entrego.

Oh, Dios, si existes, deja
que ella oiga el arrullo del cielo.
Oh, madre, si me ves, deja
que vaya adonde nadie me conoce.

Amor

Lo acepto, es así, vas
a un lugar indescriptible;
no es un adiós definitivo,
sino una protección desde lo alto.

Me enseñaste a amar sin saberlo
y yo, sin saberlo también, te amé
más que antes. Al marcharte
soy consciente de lo que pierdo.

Pero también de lo que gano:
llega mi plenitud, la alegría
respira al lado del dolor antiguo,
no puedo hablar, pero sigo.

Abro mis corazones sucesivos,
lo sabes, todo lo que es mío,
sin serlo, es tuyo.
Ahora me entrego.

Vuelvo a los años de ternura,
dejo el libro mortuorio, abro la agenda,
es un nuevo día. Son las cinco
de la mañana, soy Kepa.

Lluvia

Se inundó el campo,
el río devoró el puente,
la ciudad se unió a los pueblos.
Desde que te fuiste no ha parado de llover.

A padre le gustaban los días de lluvia:
grises, nubosos, sombríos.
Tú amabas la luz, te obligaba
a levantarte por la mañana.

La corteza ha cambiado,
pero es el mundo antiguo
haciéndose el moderno: tantos estragos,
tantas catástrofes al mismo tiempo.

Volcanes ardiendo en los mares,
ríos desbordados, inviernos
permanentes, cementerios
abandonados, plazas ausentes.

Pero antes también fue así:
fosas comunes, crematorios,
terremotos, pobreza y hambre,
cosechas perdidas en un segundo.

Como tú, en un instante,
la fruta madura que se arruga
en la corteza de un final inerte,
del mismo árbol solitario de siempre.

Madre, déjame decir algo finalmente:
cavamos una fosa con tu nombre,
pero antes plantamos flores
en lugares insospechados.

Que llueva es culpa mía,
estoy seco, el cielo llora por mí.
Soy un poeta incapaz de ordenar las nubes.
Soy yo el culpable.

AUSENCIA

Un día también yo moriré.
Puede que alguien me recuerde
y piense en mí
al leer mis poemas.

Ese día, la tarde será distinta
y un poco antes se irá la mañana.
La noche recogerá la mecha apagada
de un corazón desaparecido.

Ese día alguien más morirá conmigo,
pero seguirá siendo bello el mundo:
los pájaros, los montes, el mar, las olas,
el cielo, las nubes.

El silencio para mí será antiguo,
la música se elevará por las ventanas,
pero ese día, aunque no ha llegado,
será distinto al tuyo.

Moriré después de haber muerto contigo.
Ese día me enterrarán ante otros,
habré sentido la ausencia definitiva,
yo mismo me convertiré en recuerdo.

Duda

Ya no podré decir ahora
rosal, camisa, plancha,
espina, arena o leche
con la voz de antes.

Ni madre ni padre
ni hija o hijo
ni hermana o hermano
al saberos ausentes.

Perdemos lo que amamos
mientras envejecemos
ante un espejo
que nos devuelve lo dicho.

Ya no podré decir
esas palabras como entonces
ni vivir los meses prodigiosos
ni los años generosos sentir como antes.

Ahora me toca a mí
entregar esas palabras a los demás.
Dejar que germinen
en la sima del silencio.

Dejar que con ellas comprendan
el cambio del mundo
en esta transformación del hombre
que se queda solo.

Quizá cuando yo me vaya
alguno de ellos, quizá, cuando muera,
no podrá decir estas de ahora:
poema, duda, amigo.

ESTRELLAS

Quiero compartir, por último,
la tierra que dejas a un lado.
Un nuevo principio,
el aleteo del final.

Momentos encontrados
en historias perdidas,
el apoyo del cielo para que naciese,
las horas que estuvimos juntos.

Madre, para ti y para mí,
el tiempo entregado
en el agua sobre la terraza,
en el sol sobre el tejado.

Sobre la vida, la belleza.
Ante la palabra, los hechos.
Descansa la eternidad,
mi mano cierra la puerta de tu casa.

De cada abrazo no dado
nace una estrella,
brilla con lo perdonado
aún más que con el paso de los años.

Pero ninguna distante,
ninguna alejada de las otras:
serán luces para caminar de noche,
velas encendidas para el alma.

Índice

ORFANDAD

de

Kepa Murua

se terminó de imprimir en abril de 2024.
Es el mes del libro y de los escritores,
como César Vallejo,
quien escribió:

Siento a Dios que camina
tan en mí, con la tarde y con el mar.
Con él nos vamos juntos. Anochece.
Con él anochecemos, Orfandad...